ジャージー牛のサンちゃん

佐和みずえ

新日本出版社

ジャージー牛のサンちゃん

／もくじ

☆佐和みずえ（さわみずえ）☆

愛媛県生まれの一卵性双生児。それぞれ愛媛県と大分県に在住。講談社の少女漫画誌で原作者としてデビュー後、執筆活動に入る。ノンフィクションの著作に、『すくすく育て！　子ダヌキポンタ』（学研）、『チョコレート物語』（くもん出版）、『山の子テンちゃん』『走る動物病院』（ともに汐文社）などがある。

はじめに

みんなは牛を見たことがありますか？

テレビで見た？　本で見た？　いえいえ、実際《じっさい》に目の前で見たことがあるかな？

たぶん、近くで見たり、直接《ちょくせつ》ふれたりしたことがある人は、あまりいないでしょう。

牛は犬や猫《ねこ》のようなペットではないし、動物園《どうぶつえん》にはウシ科の動物としてバイソンがいますが、牛は見かけない気がします。

けれども、本当は牛って、とても身近《みぢか》な動物《どうぶつ》なのです。

ペットではないし、動物園《どうぶつえん》にもいないのに、身近って……？

そう思った人は、きのうの夜とかに食べたものを思い出してみて。

ハンバーグ、肉じゃが、焼肉《やきにく》、ビーフシチュー、ステーキ、ローストビーフ、ミートボール、ビーフコロッケ、ミートソースのスパゲティとか、ほかにもあるかな？

これらの料理《りょうり》はみんな、牛の肉を使《つか》ったものです。

だから、人間にとって、牛は身近な存在《そんざい》だと言えるのです。

そのことを頭において、この本のページをめくってください。

ゆうべ、わたしが食べたもの

1　はじめまして、サンちゃん

大分県別府市《おおいたけんべっぷし》の市街地《しがいち》を抜《ぬ》けて、緑深《みどりふか》い山間部《さんかんぶ》の山道を車で約《やく》三〇分。

標高《ひょうこう》六五〇メートルの地点にたどり着《つ》くと、広大な原っぱから、

「モウ」

「モウウ」

牛の鳴き声が聞こえてきました。
鳴き声にさそわれて、あたりを見回すと、遠く近くで牛たちが草を食べています。
黒い牛もいれば、茶色い牛、白黒まだらの牛などさまざまです。
そう、この原っぱは牧場《ぼくじょう》なのです。
この牧場には牛を入れる牛舎《ぎゅうしゃ》はなく、どの牛も自然放牧《しぜんほうぼく》で育《そだ》てられています。
と、車の横《よこ》を一頭の茶色い子牛が、とっとと走っていきました。
「モウモウ！」
あとを追《お》っていくと、小さな事務所《じむしょ》の前に、手を振《ふ》っている男の人がいました。男の人の手には哺乳瓶《ほにゅうびん》が握《にぎ》られています。

「サンちゃん、ミルクだよ！」

サンちゃんは男の人に突進《とっしん》して、ミルクを飲《の》みはじめました。

グッグッグッグッ！

なんと力強い飲みっぷり。あっというまに飲み干《ほ》してしまいました！

サンちゃんは生後一か月のオスのジャージー牛です。

ジャージー牛とは乳牛《にゅうぎゅう》の品種《ひんしゅ》のひとつで、ジャージー種《しゅ》ともいいます。

ジャージー牛は、デンマーク、オランダ、ニュージーランドなどの乳製品生産国《にゅうせいひんせいさんこく》では最《もっと》も重要《じゅうよう》な品種《ひんしゅ》です。

それというのも、ジャージー牛のミルクは濃厚《のうこう》で、栄養価《えいようか》も高く、バターやチーズ、ヨーグルトなどの乳製品を製造《せいぞう》するのに最適《さいてき》だからです。

もちろん、日本でも飼育《しいく》されていて、乳牛としてはホルスタイン牛に次《つ》ぐ品種として知られています。

ということは、サンちゃんも大きくなれば、ミルクを出して……。

あ！

サンちゃんはオス牛です。ミルクを出すことはできないのでは……？

そうです。おいしいミルクを提供《ていきょう》できるのはメス牛。オス牛にはできないことです。それで、サンちゃんはこの牧場《ぼくじょう》に引《ひ》き取《と》られたのです。

そのいきさつを話しましょう。

サンちゃんは、ある酪農家《らくのうか》の牛舎《ぎゅうしゃ》で生まれました。

酪農家というのは、乳牛《にゅうぎゅう》を飼《か》い、ミルクを採《と》って出荷《しゅっか》する農家のことです。

ところが、サンちゃんはオスでした。オス牛は、だいじに育《そだ》てて

大きくなったサンちゃん

も、ミルクが出せません。

体の小さいジャージー牛は食肉用にもならず、それでも飼《か》い続《つづ》ければ餌代《えさだい》がかかります。ようするに飼育《しいく》する「価値《かち》がない」牛なのです。

そんな理由《りゆう》で、ジャージー種《しゅ》のオス牛は、生後すぐに処分《しょぶん》されることになっています。

サンちゃんもそうなる運命《うんめい》でしたが、処分される寸前《すんぜん》、生後一週間で、この牧場《ぼくじょう》に引《ひ》き取《と》られたのでした。

じつは、この牧場の牛たちは、みんな「価値がない」という理由で処分されかけて、ここに来ました。

ミルクの出ないオス牛、年老《としお》いて子牛を産《う》めなくなったメス牛。

ここはそんな牛たちの牧場《ぼくじょう》なのでした。


サンちゃんはミルクを飲《の》み終《お》えると、またとっとと走っていきます。


「モウモウ、早くおいでよ！」

仲間《なかま》の牛たちが呼《よ》んでいるようです。

秋の青空の下、牛たちはのんびりと一日をすごします。草を食べたり、寝《ね》そべったり、のそのそ歩いたり……。

サンちゃんは、そんな仲間たちの中に元気よく入っていきました。

2　牛の幸《しあわ》せ？

「おはよう！」

朝空に山地竜馬《やまちたつま》さん（四三歳《さい》）の声が響《ひび》きわたると、牛たちが集《あつ》まってきました。

「モウウ！」

竜馬さんの声に応《おう》じて、牛たちもあいさつを返《かえ》します。

「よしよし」
竜馬《たつま》さんは牧場《ぼくじょう》のオーナー。そうそう、サンちゃんにミルクをあげていた男の人です。

いつも朝早く牧場に来て、牛の首や背中《せなか》をなでて、牛たちのようすを観察《かんさつ》します。

大きなケガはないか、弱っているようすはないか。

また、牧場に異常《いじょう》はないか、あたりのようすも確《たし》かめます。

「よし、オッケー！」

さすが竜馬さん。きっと実家《じっか》が牛を飼《か》っていて、子どものころからさぞ牛とふれ合ってきたんだろう、と思ったら、予想《よそう》もしない言《こと》葉《ば》が返《かえ》ってきました。

「ぼくは奈良県《ならけん》の生まれで、ふつうのサラリーマン家庭《かてい》で育《そだ》ったんだ。少年のころはサッカーに夢中《むちゅう》で、高校までサッカーひとすじ。牛？　いやあ、牛なんて見たこともなかったよ」

そんな竜馬《たつま》さん、牛との接点《せってん》はいつだったのでしょう？　また、別府《べっぷ》で牧場《ぼくじょう》をはじめたきっかけは？

それをたずねると、竜馬さんは迷《まよ》うことなく、これまでのことを語ってくれました。

竜馬さんは高校を卒業《そつぎょう》すると、大学で経済学《けいざいがく》を学び、卒業後、大阪の会社に就職《しゅうしょく》しました。お寿司《すし》のチェーン店、勤務先《きんむさき》は東京でした。

毎朝、満員《まんいん》電車に揺《ゆ》られてお店に行き、夜遅《よるおそ》くまで働《はたら》く。そんな生活を数年間続《つづ》けたあと、竜馬《たつま》さんは会社をやめました。体も心も疲《つか》れきってしまったのです。

竜馬さんはふるさとの奈良県《ならけん》に帰り、フリーター生活を送《おく》っていましたが、旅行《りょこう》で鹿児島県《かごしまけん》の口永良部島《くちのえらぶじま》をおとずれ、そのとき宿泊《しゅくはく》した民宿《みんしゅく》で牛と出会いました。

その民宿に牧場《ぼくじょう》があったのです。

そうか、世《よ》の中には牛を飼《か》う仕事《しごと》だってあるんだ。竜馬さんは、ハッと目を覚《さ》まされたような気がしました。

それが大きな転機《てんき》となって、竜馬《たつま》さんは島《しま》に移住《いじゅう》することを決意《けつい》しました。

民宿《みんしゅく》に住《す》み込《こ》み、宿《やど》の仕事《しごと》を手伝《てつだ》いながら、牛の世話《せわ》をしました。はじめての経験《けいけん》でした。

竜馬さんは、約《やく》七年間の口永良部島《くちのえらぶじま》での生活の間に、トラクターの運転免許《うんてんめんきょ》と家畜人工授精師《かちくじんこうじゅせいし》の免許を取《と》りました。

授精師とは、オスの牛から精子《せいし》を採取《さいしゅ》し、メスの卵子《らんし》に注入《ちゅうにゅう》する技術《ぎじゅつ》を持《も》った人のことで、牛の繁殖《はんしょく》の専門家《せんもんか》です。

竜馬さんは繁殖農家《のうか》で研修《けんしゅう》を重《かさ》ねながら、自然放牧《しぜんほうぼく》の勉強《べんきょう》もしました。

こうして牛とかかわるようになった竜馬《たつま》さんに、もうひとつの運《うん》命的《めいてき》なできごとがありました。

のちに竜馬さんの妻《つま》となる人、加奈《かな》さんに出会ったことです。加奈さんは、たまたま旅行で口永良部島《くちのえらぶじま》に来たのでした。

さて、竜馬さんのことは一時中断《ちゅうだん》して、次《つぎ》に山地《やまち》加奈さん（四七歳《さい》）を紹介《しょうかい》しましょう。

加奈さんは大分県別府市《おおいたけんべっぷし》生まれ。動物《どうぶつ》が大好《だいす》きで、少女のころは、ゴールデンレトリバーという大型犬《おおがたけん》を飼《か》っていました。この犬は、家族同様《かぞくどうよう》の存在《そんざい》でした。

加奈《かな》さんは地元の看護《かんご》学校を卒業《そつぎょう》して看護師《かんごし》になると、東京の病院《びょういん》に就職《しゅうしょく》しましたが、大都会《だいとかい》の生活になじめず、ほどなく別府《べっぷ》に帰りました。

その後、「島《しま》の暮《く》らしと仕事体験《しごとたいけん》」旅行《りょこう》で口永良部島《くちのえらぶじま》に行き、竜《たつ》馬《ま》さんと出会ったというわけです。

加奈さんとの出会いは幸運《こううん》でしたが、竜馬さんには直面《ちょくめん》しなければならないつらいことがありました。研修先《けんしゅうさき》の繁殖農家《はんしょくのうか》で知った現実《げんじつ》です。

何年も子牛を産《う》み続《つづ》けた母牛は、やがて子どもが産めなくなると処分《しょぶん》され、安価《あんか》なミンチ肉になるしかなく、また、ジャージー牛のオスの子牛は、生まれてすぐに処分されることが多いのです。

生まれてすぐのオスの子牛がトラックに乗《の》せられ、食肉処理施設《しょくにくしょりしせつ》へと運《はこ》ばれていく現場《げんば》を見たときは、ショックのあまり言葉《ことば》がでませんでした。

最終的《さいしゅうてき》には肉となり、人間に食べられるとしても……。

（……牛の幸《しあわ》せって、なんだろう？）

竜馬《たつま》さんはしんけんに考えました。

人間に「おいしい、おいしい」と言って食べてもらえることが牛の幸《しあわ》せ？

さすがにこれは人間の傲慢《ごうまん》ですが、たとえ食べられるとしても、せっかくこの世《よ》に生を受《う》けたのですから、もう少し牛らしい一生があるはずです。

ちょっと話はそれますが、東日本大震災《だいしんさい》で飼《か》い主《ぬし》が被災《ひさい》し、野良《のら》となった牛が外を歩いている映像《えいぞう》を、テレビで見たことがあります。せまい牛舎《ぎゅうしゃ》から解《と》き放《はな》たれて、牛たちは自由《じゆう》になったんだと思ったものですが、そうではありませんでした。

牛たちは飢《う》えていました。

あばら骨《ぼね》が浮《う》き出た牛を見て、牛はもう人間の世話《せわ》なくしては生きられない動物《どうぶつ》であることを知りました。

（いずれは食肉になる牛たちだけど、生きている間は、広々とした牧場《ぼくじょう》で、人間の世話《せわ》を受けながら、おなかいっぱい草を食べ、幸《しあわ》せでいてほしい）

こうした牛たちを引《ひ》き取《と》り、自然放牧《しぜんほうぼく》で一日でも長く健康的《けんこうてき》に飼《し》育《いく》できないか――。

大量生産《たいりょうせいさん》でなく、地産地消《ちさんちしょう》で、安全《あんぜん》なもの。そのことで、市《し》場《じょう》価値《かち》を上げられないか――。

じっと考えた末《すえ》、

「よし、やろう！」

加奈《かな》さんも竜馬《たつま》さんの決心に賛同《さんどう》し、ふたりは大分県《おおいたけん》に移住《いじゅう》しました。

竜馬さんが目をつけたのは、別府市郊外《べっぷしこうがい》の奥地《おくち》に広がる耕作放棄地《こうさくほうきち》でした。

耕作放棄地とは、耕《たがや》す人がおらず、持《も》ち主《ぬし》さえもわからない田畑《たはた》のことです。ここを牧場《ぼくじょう》として再利用《さいりよう》すれば、放棄地の問題解決《もんだいかいけつ》にもなります。

竜馬さんは、最低価格《さいていかかく》千円でも買う人のいない牛を購入《こうにゅう》、また、放《ほう》っておけば処分《しょぶん》されてしまう牛を知り合いから引《ひ》き取《と》り、牧場に放《はな》ちました。牧場の名前は、「宝牧舎《ほうぼくしゃ》」としました。

竜馬さんと加奈さん（大分合同新聞社提

竜馬《たつま》さんと加奈《かな》さんの再《さい》スタートです。

「おーい、仕事《しごと》終《お》わったよ！」

あかね色の夕空の下、竜馬さんが呼《よ》びかけると、

「はーい、こっちも終わり！」

両手《りょうて》で大きな丸を描《えが》いて、加奈さんが元気な姿《すがた》を見せました。

「モウウウ」

「モウモウ」

牛たちにひやかされながら、ふたりは牧場《ぼくじょう》をあとにしました。

3　竜馬《たつま》さんと加奈《かな》さんの一日

ルルルル、ルルルル！

目ざまし時計のベルが鳴《な》り響《ひび》きます。

「うーん、まだ寝《ね》かせてくれよ……」

寝ぼけまなこの竜馬さんに、目ざまし時計は容赦《ようしゃ》しません。

ルルルル、ルルルル！

「あ、やばっ!」

竜馬《たつま》さんは、はね起《お》きました。

時刻《じこく》はまだ六時ですが、ゆっくり眠《ねむ》ってはいられません。七時には仕事《しごと》に出なければならないからです。

急《いそ》いで仕事着《しごとぎ》に着《き》がえると、朝ごはんをかきこみ、トラックに飛《と》び乗《の》りました。

まず朝いちばんの仕事は、牛たちの餌《えさ》を用意《ようい》することです。おから(とうふを作ったあとに出るかす)、ビールかす、もやしなどですが、それぞれ豆腐屋《とうふや》、ビール工場、農家《のうか》などを回って集《あつ》めます。

牧草《ぼくそう》が少なくなる秋と冬は、できるだけたくさん集めなければな

牧草を刈《か》る竜馬

りません。標高《ひょうこう》の高い牧《ぼく》場《じょう》の冬は寒《さむ》いので、牛たちにたっぷり餌《えさ》を与《あた》えることで、寒さに負《ま》けない体にしてやりたいのです。

竜馬《たつま》さんは、あちこち回って集《あつ》めた餌を牧場に運《はこ》ぶと、それを牧場の一角にしつらえた給餌箱《きゅうじばこ》に入れ、牛たちの食べっぷりをみます。

毎日のことですが、健康観察《けんこうかんさつ》を怠《おこた》るわけにはいきません。牛たちの食欲《しょくよく》から、おおよその状態《じょうたい》がわかるからです。

昼は牧草《ぼくそう》の種《たね》まきをしたり、草刈《くさか》りをします。

どちらも、なかなかの重労働《じゅうろうどう》です。

放牧地《ほうぼくち》は広く、しかもひとりでやらなければならないからです。

仕事は夕方まで続《つづ》きました。

さあ、これで今日の仕事はおしまい……いえいえ、まだまだ続きます。

夕方から夜は配達《はいたつ》の仕事《しごと》です。牧場《ぼくじょう》の牛たちを使《つか》って製造《せいぞう》したハムやソーセージを、食料品店《しょくりょうひんてん》に配達するのです。

竜馬《たつま》さんの思いに賛同《さんどう》し、商品《しょうひん》を受《う》け入れて、販売《はんばい》してくれる店主《てんしゅ》がいるのです。

「売れ行きはどうですか?」

竜馬さんがたずねると、

「まあまあというところです」

にこにこ笑《わら》って、店主が答えました。

配達を終《お》えると、時刻《じこく》は午後八時。やっと家に帰ってきた竜馬さんを待《ま》っているのは、リモートでの会議《かいぎ》。

会議は、畜産農家《ちくさんのうか》や酪農家《らくのうか》、ハムの製造元《せいぞうもと》との間で行います。

竜馬《たつま》さんの牧場《ぼくじょう》は、これらの人々の協力《きょうりょく》によって成《な》り立っているのです。

子牛や経産牛《けいさんぎゅう》（出産を経験したメス牛）を引きとり、それを飼《か》い、出荷《しゅっか》する。

自然放牧《しぜんほうぼく》で育《そだ》てた肉をハムやソーセージに加工《かこう》することだって、竜馬さんのアイディアを理解《りかい》し、作ってくれる人がいなければ成り立ちません。

さらに、その肉を買って食べてくれる人、「宝牧舎《ほうぼくしゃ》の肉はうまい！」と口コミで広めてくれる人がいなくてはなりません。

どれひとつとっても、竜馬さんひとりでできることではありません。経営《けいえい》を成《な》り立たせるためには、竜馬《たつま》さんの取《と》り組みに共感《きょうかん》してくれる人に出会わなければなりません。

午後十時過《す》ぎ。会議《かいぎ》は終《お》わり、やっと竜馬さんの一日が終わりました。

竜馬さん、ご苦労《くろう》さまでした。

加奈《かな》さんの仕事《しごと》も、早朝からはじまります。

午前六時、起床《きしょう》。

食卓《しょくたく》に朝ごはんを用意《ようい》すると、さっそく仕事《しごと》に取《と》りかかります。

自宅《じたく》の庭《にわ》の飼育《しいく》小屋《ごや》で育《そだ》てている四頭の子牛たちに、ミルクをあげるのです。

子牛は四頭ともオス牛です。まだ牧草《ぼくそう》などは食べず、ミルクしか飲《の》みません。ミルクは一日三回。時間を決《き》めて、飲《の》ませます。

それが終《お》わると、少し大きくなってミルクを卒業《そつぎょう》したばかりの子牛に餌《えさ》を与《あた》えます。

餌は、竜馬《たつま》さんが集《あつ》めてきた、おからなどです。

おからやビールかすはタンパク質《しつ》、カルシウム、ビタミンなどの栄養《えいよう》が豊富《ほうふ》で、食《た》べ盛《ざか》りの子牛にぴったりです。

「はい、いっぱい食べてね」

加奈《かな》さんは餌をやりながら、子牛たちに声をかけ、ようすを見守《みまも》

おから、おいしい、おいしい！

ります。
餌《えさ》やりのあとは、加奈《かな》さんも車で久住《くじゅう》の牧場《ぼくじょう》に向《む》かいます。
じつは、別府《べっぷ》ほど広大ではありませんが、久住にも牧場がありま
す。
牛たちに餌をやり、牧場の清掃《せいそう》などに追《お》われると、もう夕方。
家に帰りつくと、今度《こんど》は夕食の用意《ようい》、洗濯《せんたく》などの家事《かじ》が加奈さん
を待《ま》っています。疲《つか》れたからといって、休んでいる暇《ひま》はありません。
ほんとうは、家事《かじ》は家族で協力《きょうりょく》してやるべき仕事《しごと》ですが、この
時間、竜馬《たつま》さんはまだ家に帰っていません。
それで、いまのところ、加奈さんがひとりで家事を引《ひ》き受《う》けてい

るのです。

午後八時過《す》ぎ、やっと加奈《かな》さんにくつろぎの時間がきました。これから寝《ね》るまでの時間、親しい人とゆっくり電話をしたり、メールをチェックしたりします。

加奈さん、今日もお疲《つか》れさま。

4 SOS《エスオーエス》!

牧場《ぼくじょう》の毎日はのどかです。

ピー!

青空にトンビが舞《ま》い、牛たちはのんびりと草を食べ、ときどき草むらからタヌキが顔を出したりします。

そんな毎日ですが、たまに思いもよらない出来事《できごと》が起《お》こります。

ある日の朝のことです。

竜馬《たつま》さんがいつものように牧場《ぼくじょう》に来て、集《あつ》まってきた牛たちを数えると、一頭いません。

ジョーと名づけている牛の姿《すがた》が見えないのです。

ちなみに、竜馬さんの牧場の牛たちには、みんな、名前があります。ジョー、サンなどで、竜馬さんがつけました。

ジョーは元気なジャージー牛です。

食欲《しょくよく》も旺盛《おうせい》で、竜馬さんの姿を見ると、いつもまっさきに寄《よ》ってきます。

（あれ、おかしいな。おなかがすいているはずなのに……）

竜馬《たつま》さんはあたりを見回し、

「おーい、ジョー！　餌《えさ》だよ！」

大声で呼《よ》びかけましたが、いくら呼んでも現《あらわ》れません。竜馬さんは不安《ふあん》になりました。

牛は集団《しゅうだん》で行動《こうどう》します。仲間《なかま》が動《うご》けば、同じ方向《ほうこう》に動きます。自分だけ、勝手《かって》な方向に行くことはないのです。

何度《なんど》も何度も呼びかけましたが、ジョーの姿《すがた》はどこにもありません。

竜馬さんはジョーを探《さが》して、牧場《ぼくじょう》の端《はし》から端を歩き回りました。

崖《がけ》から落《お》ちたのかもしれないと思い、山奥《やまおく》の谷まで行ってみましたが、夕日が落《お》ちるころになっても、ジョーが姿《すがた》を見せることはありませんでした。

その夜、竜馬《たつま》さんも加奈《かな》さんも、ゆっくり眠《ねむ》れませんでした。

（いまごろどこかで……）

草むらに横《よこ》たわったジョーの姿を想像《そうぞう》すると、心配《しんぱい》でたまらなかったのです。

探《さが》すこと、まる二日。ジョーが森の奥《おく》から、のそのそと現《あらわ》れました！

なにかの拍子《ひょうし》に仲間《なかま》とはぐれて、森をさまよっていたのでしょうか。

「ジョー！」

竜馬《たつま》さんはうれしくてたまらず、全力《ぜんりょく》で走り出していました。

ふたつめの出来事《できごと》は、黒毛和牛《わぎゅう》のチハルが、人間の仕掛《しか》けたわなに引っかかったことです。

「モウウ！」

大きな鳴き声に気づいた竜馬さんが、大急《おおいそ》ぎで駆《か》けつけると、わなはチハルの足に食いこんでいました。

じつは、牧場《ぼくじょう》の周囲《しゅうい》にはイノシシや鹿《しか》が生息《せいそく》しています。これらの動物《どうぶつ》は農家《のうか》の畑《はたけ》を荒《あ》らすので「害獣《がいじゅう》」と呼《よ》ばれ、わなを仕掛《しか》けて駆除《くじょ》されるのです。

竜馬《たつま》さんは、チハルをわなから急《いそ》ぎ救出《きゅうしゅつ》しましたが、ホッとしたのもつかのま、わなで傷《きず》ついたチハルの足先はしだいに化膿《かのう》し、歩けなくなりました。

竜馬さんはチハルを処分《しょぶん》せず、傷口《きずぐち》に軟膏《なんこう》をぬりました。あきらめることなく、軟膏をぬるうちに、チハルはじょじょに回復《かいふく》していきました。

「急《いそ》いで処分しなくてよかった！」

竜馬さんは、元気になったチハルを見ながら、そう思いました。

ライスとパンの話もしましょう。

二頭はともに熊本《くまもと》の農家《のうか》からゆずり受《う》けた、ジャージーの子牛です。

二頭はまるで人間の兄弟のように仲《なか》むつまじく、いつもいっしょに歩き、いっしょに餌《えさ》を食べていました。

数年後、ライスを肉牛として出荷《しゅっか》するときのことです。

竜馬《たつま》さんがライスをトラックに乗《の》せると、パンが走り寄《よ》ってきて、

「モウモウ」

と、何度《なんど》も鳴きました。

ライスの乗《の》ったトラックが見えなくなってしまっても、パンは鳴き続《つづ》けたのでした。
竜馬《たつま》さんには、パンがライスとの別《わか》れを悲《かな》しんで、泣《な》いているように聞こえました。

最後《さいご》に、黒毛和牛《わぎゅう》のハジメのことも話しましょう。
ハジメは生まれたときから、うしろ足に障《しょう》がいがありました。原《げん》因《いん》はわかりません。
竜馬さんは農家《のうか》から依頼《いらい》を受《う》け、ハジメを引き取《と》り、牧場《ぼくじょう》に放《はな》ちました。

仲間《なかま》の牛たちは、そんなハジメを威嚇《いかく》するようすもなく、すぐに受《う》け入れました。

みんなが牧場《ぼくじょう》の中をぞろぞろと移動《いどう》するとき、ハジメも足を引きずりながら、仲間たちのあとを追《お》います。

牛たちはハジメを仲間はずれにすることなく、しっぽでハエを追いながら、いっしょに給仕箱《きゅうじばこ》の餌《えさ》を食べ、いっしょに仲よく休みます。

なんて平和《へいわ》な光景《こうけい》でしょう。見守《みまも》る竜馬《たつま》さんの顔に、自然《しぜん》と笑《え》みがこぼれます。

「モウウウ」

牛たちの鳴き声が、夕焼《ゆうや》け空《ぞら》に響《ひび》きわたって、今日も暮《く》れようとしています。

5 牛と人間のあゆみ

社会の授業《じゅぎょう》などで「ラスコー洞窟《どうくつ》」、あるいは「アルタミラ洞窟」のことを習《なら》ったことがありますか？

ラスコー洞窟はフランスに、アルタミラ洞窟はスペインにあります。

国は違《ちが》っていても、ふたつの洞窟には大きな共通点《きょうつうてん》があります。

洞窟《どうくつ》の中に壁画《へきが》があることです。

壁画というのは文字どおり、壁一面《かべいちめん》に描《えが》かれた絵のことです。

その絵が、なんと、牛なのです。

ふたつの壁画は一万数千年も前に描かれたもので、この壁画によって、人間が太古《たいこ》の昔《むかし》から牛とかかわってきたことがわかります。

牛と人間のかかわり。

この章《しょう》ではそれを考えてみましょう。

どんな動物《どうぶつ》でも最初《さいしょ》はそうであったように、もともと牛は野生でした。

現在《げんざい》の牛より大きく、とても攻撃的《こうげきてき》で、人間を見ると突撃《とつげき》してくる、まさに猛獣《もうじゅう》だったようです。

人間はこれを狩《か》り、やがては飼《か》うようになり、数を増《ふ》やすために繁殖《はんしょく》をはじめました。ようするに家畜《かちく》にしたのです。

牛は畑《はたけ》を耕《たがや》し、荷車《にぐるま》を引き、人間の食料《しょくりょう》にもなりました。巨大《きょだい》な牛は、十分な量《りょう》の肉を提供《ていきょう》してくれたのです。

また牛のミルクはチーズなどの乳製品《にゅうせいひん》に加工《かこう》され、それまでになかった食文化《しょくぶんか》の花を咲《さ》かせました。

食料になっただけではありません。牛の皮《かわ》は高価《こうか》な衣類《いるい》となり、靴《くつ》やカバンにもなりました。木の椅子《いす》などに代《か》わって、革張《かわば》りの椅

子の材料《ざいりょう》ともなりました。
　こうして、牛は人間の生活になくてはならないものになり、ますます必要《ひつよう》になっていきました。
　では、日本人と牛の関係《かんけい》はどうでしょうか。
　牛は中国から日本に入ってきました。

今から千数百年前、古墳時代《こふんじだい》の埴輪《はにわ》に牛をかたどったものがあり、日本人はこのころから牛を飼育《しいく》していたと考えられています。もちろん、食用にもされていたようです。

時代が少し下ると、宗教上《しゅうきょうじょう》の理由《りゆう》から、肉食禁止令《きんしれい》が出されました。牛はもちろん、馬、ニワトリ、犬なども食べてはならないとされたのです。

この禁止令は、およそ一二〇〇年も続《つづ》きました。

牛は田畑《たはた》の耕作《こうさく》、荷車引《にぐるまひ》きに使《つか》われました。また、京都《きょうと》の貴族《きぞく》の邸宅《ていたく》で飼《か》われ、外出用の車（牛車《ぎっしゃ》）を引くのにも用いられました。

さらに時代が下り、戦国《せんごく》時代になると、牛より馬の数が多くなったといわれています。戦《いくさ》をするために馬が必要《ひつよう》になったからです。日本は四方《しほう》を海に囲《かこ》まれており、魚が豊富《ほうふ》に採《と》れます。それで、食卓《しょくたく》に上るごちそうといえば、おもに焼《や》き魚《ざかな》や刺身《さしみ》などの魚料理《りょうり》でした。

肉食禁止令《きんしれい》のもとでも、実際《じっさい》には一部《いちぶ》の庶民《しょみん》の間でひそかに肉食が好《この》まれていました。

ところが、江戸時代《えどじだい》が終《お》わり、明治《めいじ》時代になると、外国との交易《こうえき》がはじまり、食卓がさま変《が》わりします。

明治時代になって、この禁止令が廃止《はいし》されると、みんながおおっぴらに肉食を楽しむようになりました。

食事《しょくじ》の洋食化《ようしょくか》というわけです。

そうなると、牛肉の需要《じゅよう》はどんどん高まり、供給《きょうきゅう》を専業《せんぎょう》とする畜産農家《ちくさんのうか》が出てきました。

国内産《こくないさん》のミルク、ヨーグルト、チーズなども製造《せいぞう》されるようになり、食卓《しょくたく》はますます豊《ゆた》かになりました。

もちろん、牛の皮《かわ》も使《つか》われました。西欧化《せいおうか》した生活に合わせて、衣類《いるい》、靴《くつ》などが必要《ひつよう》になったのです。

そうそう、みんなが学校の行き帰りに背負《せお》っているランドセル。それも、牛の皮《かわ》で作られていることがあります。

朝起《お》きて飲《の》む牛乳《ぎゅうにゅう》からランドセルまで、わたしたちは、なんて牛の世話《せわ》になっていることでしょう。
はるか昔《むかし》から、人間と牛は関係《かんけい》を持《も》っているのです。みんなは、
そのことを知っていたかな?

6

農家《のうか》の思い

ここまで読んで、みんなは、

「価値《かち》のない牛だって、ずっと飼《か》ってやればいいのに。牛を飼う農家の人って冷《つめ》たいなあ」

「オスの子牛は、生まれてすぐ処分《しょぶん》されるなんて、ひどすぎる！」

安博さん（右）と延子

と思ったかもしれませんね。

わたしも、最初《さいしょ》、みんなと同じようにそう思いました。

酪農家《らくのうか》に話を聞いてみましょう。

答えてくださるのは、四国で牛を飼《か》って七〇年、ベテラン酪《らく》農家《のうか》の城戸安博《きどやすひろ》さん（九二歳《さい》）と妻《つま》の延子《のぶこ》さん（八九歳）です。

荒《あ》れた山を切《き》り開《ひら》き、牛一頭、

畑一枚《はたけいちまい》から牧場《ぼくじょう》を始《はじ》めた安博《やすひろ》さんは、自分のことを「開拓者《かいたくしゃ》」と言います。

酪農《らくのう》を始めて三〇年たったころ、やっと安定《あんてい》した生活を手に入れたそうです。「それまで貧乏《びんぼう》をしてきた」と、つつみかくさず話してくれる安博さんなら、どんなことも語ってくれるでしょう。

生乳《せいにゅう》を生産《せいさん》する酪農家は、肉牛として育《そだ》てられる子牛も生産しています。

乳牛から生まれたメスの子牛は、乳牛として育てられます。オスは、とうぜんのことながら乳牛にはなれません。

乳牛から生まれたオスやメスに、和牛《わぎゅう》をかけ合わせて生まれた黒牛のオスなどは、肉用として畜産農家《ちくさんのうか》に販売《はんばい》され、育《そだ》てられるそうです。

こうした子牛は、酪農家《らくのうか》にとっては大切な収入源《しゅうにゅうげん》です。

ところが、これまで一頭一〇万くらいで取《と》り引《ひ》きされていたオスの子牛が、なかなか売れず、値下がりするケースが出てきました。

どうしてでしょう。

「それは、牛肉の値段《ねだん》は変《か》わらないのに、牛を育てる費用《ひよう》が上がっているからです」

安博《やすひろ》さんが、言います。

「牛は大きな体を維持《いじ》するため、たくさんの餌《えさ》を食べます。餌は、おもに外国から輸入《ゆにゅう》した飼料《しりょう》です」

酪農家《らくのうか》、畜産《ちくさん》農家とともに、飼料の大半を輸入に頼《たよ》っているのが現状《げんじょう》だとか。

「その飼料が、ロシアがウクライナに戦争《せんそう》をしかけるなど、海外の事情《じじょう》を受《う》けて、値段《ねだん》がはね上がっているんです」

安博《やすひろ》さんは、話し続《つづ》けます。

「日本の畑《はたけ》で飼料を作ったら、外国の飼料に頼らなくてもいいのですが、現実《げんじつ》には、それもなかなかむずかしい」

ちょっとむずかしくなりますが、石油価格《せきゆかかく》の値上《ねあ》がり、円安《えんやす》なども、農家《のうか》の経営《けいえい》を圧迫《あっぱく》しているそうです。

「飼料《しりょう》や石油の値段《ねだん》が高くなれば、子牛の値段を上げざるをえません。しかし、現実《げんじつ》にはそうはできない。買い手の畜産《ちくさん》農家は子牛を飼《か》うのをやめてしまいます。餌代《えさだい》の高騰《こうとう》に円安《えんやす》が加《くわ》わって、コストに見合うだけの収入《しゅうにゅう》が得《え》られないからです」

それでもまだ売れるのは良《よ》い方で、行き場のない子牛も出てきていて、そういう子牛には処分《しょぶん》というきびしい決断《けつだん》が下されるのだそうです。

物価高《ぶっかだか》もまた、子牛の値段が下がった原因《げんいん》になっているようです。

「みんなが、価格《かかく》の高い国産牛《こくさんぎゅう》を買うのをやめ、安《やす》い鶏肉《とりにく》や豚肉《ぶたにく》、外国産《がいこくさん》の牛肉を食べるようになったのです。

コロナの流行《りゅうこう》もありました」

そうそう、ファミリーレストランなど外食産業《さんぎょう》の不振《ふしん》、学校給《きゅう》食《しょく》の停止《ていし》なども、農家《のうか》には打撃《だげき》になりました。

家庭《かてい》での牛乳《ぎゅうにゅう》の消費《しょうひ》が、ふるわなかったということもあります。

「わたしの牧場《ぼくじょう》では、しぼった乳《ちち》を捨《す》てるようなことはなかったけれど、北海道の牧場など、大きなところでは、やむをえずしぼった乳を捨てていたようです」

いろいろな要因《よういん》が重《かさ》なって、農家の牧場経営《けいえい》を苦《くる》しくさせたのですが、対策《たいさく》はあるのでしょうか。安博《やすひろ》さんは、

「酪農《らくのう》、畜産業《ちくさんぎょう》、広くは農業《のうぎょう》ともに、効率一辺倒《こうりついっぺんとう》であってはならない」

と言い切ります。

「農業《のうぎょう》は、人の命《いのち》のみなもとを作る産業です。効率だけを追求《ついきゅう》していては、いまに、だれもやらなくなる」

安博《やすひろ》さんは続《つづ》けて、日本の食料自給率《しょくりょうじきゅうりつ》のことも言いました。

食料自給率というのは、国民《こくみん》みんなが食べたものに対《たい》して、国産《こくさん》のものがどれくらいあったかを表《あらわ》す数字です。

ちなみに、日本の食料自給率は、三八パーセントと言われています。

「農業《のうぎょう》する人を増《ふ》やし、食料自給率も、もっと上げないと」

なるほど。農業が栄《さか》えることは、農山村《のうさんそん》の再生《さいせい》につながり、それこそ、持続可能《じぞくかのう》な農業ともなるでしょう。

「もちろん、みなさんにたくさん食べてもらうことも大事《だいじ》です」

安博《やすひろ》さんは、続《つづ》けます。

「学校給食《きゅうしょく》などで、いま以上《いじょう》に牛肉を使《つか》ってもらい、学校以外《いがい》にも、子ども食堂《しょくどう》などにどんどん提供《ていきょう》し、消費《しょうひ》してもらうこと。そのためには、国民《こくみん》の食を守《まも》るという点で、国が農家《のうか》の生活を保障《ほしょう》することも大事《だいじ》です」

安博さんは力強く、話を結《むす》んでくれました。

小雪ち

農家《のうか》の努力《どりょく》だけではどうにもならない問題《もんだい》を、みんなもどうぞ考えてみてください。

最後《さいご》にわたしは、延子《のぶこ》さんから、心がほっこりするお話を聞きました。

二年前、城戸牧場《きどぼくじょう》で、まっしろのメスの乳牛《にゅうぎゅう》が生まれたそうです。黒いところがまったくない白い牛ということで、子牛は近所《きんじょ》の人にめずらしがられ、テレビのニュースにもなりました。

けれども、残念《ざんねん》なことに、白い牛は乳牛として登録《とうろく》することができない。

乳牛は白黒ぶちという決《き》まりがあり、白一色の牛は障《しょう》がいのある牛とみなされて、乳牛《にゅうぎゅう》としての条件《じょうけん》を満《み》たさないのです。

乳牛になれない以上《いじょう》、処分《しょぶん》の対象《たいしょう》となる子牛でしたが、

「小雪《こゆき》という名前をつけて、うちで、ずっと飼《か》うことにしましたよ」

と、延子《のぶこ》さん。

わたしも小雪《こゆき》ちゃんを見せてもらいました。

ほんとに、どこもかもまっしろ！

「小雪ちゃん、よかったね！」

思わず声をかけるわたしの手を、小雪ちゃんが長い舌《した》で、べろべろなめてくれました。

最後《さいご》に、安博《やすひろ》さんが、言いました。

「牛飼《うしか》いにとって、牛は家族《かぞく》。これからも、その気持《きも》ちを大切に、牛を飼っていきますよ」

酪農家《らくのうか》の人も、畜産《ちくさん》農家の人も、愛情《あいじょう》をもって牛を飼っているのです。

7　ジャージー牛を料理《りょうり》する

宝牧舎《ほうぼくしゃ》の牛を使《つか》って料理をする料理人《りょうりにん》がいます。

青柳陽子《あおやぎようこ》さん（三四歳《さい》）。

陽子さんは福岡県《ふくおかけん》福岡市生まれ。子どものころから料理に興味《きょうみ》があり、地元の短期《たんき》大学で学び、栄養士《えいようし》の資格《しかく》をとりました。

卒業後《そつぎょうご》、福岡市内のホテルに就職《しゅうしょく》し、ホテルの中のレストランで数年、料理人《りょうりにん》として働《はたら》きました。

その後、上京し、都内《とない》のレストランで働いているとき、宝牧舎《ほうぼくしゃ》の牛と出会いました。

なんと、レストランにやってきたお客《きゃく》さんから、

「宝牧舎の牛肉をためしてみませんか?」

とすすめられたのです。

宝牧舎?

何のことか、さっぱりわかりませんでしたが、陽子《ようこ》さんは、お客さんの話に興味《きょうみ》を持《も》ちました。

生まれてすぐに処分《しょぶん》されるはずの牛を引き取《と》り、放牧《ほうぼく》し、愛情《あいじょう》

をもって育《そだ》て、数年後、肉牛として出荷《しゅっか》している人がいる。
山地夫妻《やまちふさい》の取《と》り組みに、陽子《ようこ》さんの心はゆすぶられ、さっそく宝《ほう》牧舎《ぼくしゃ》をたずねました。
過酷《かこく》な運命《うんめい》をのがれてきた子牛たち。年をとって、役《やく》にたたなくなった牛たち。
けれども、宝牧舎の牛たちの、なんと生き生きしていることでしょう。
また、牛によりそっている竜馬《たつま》さんと加奈《かな》さん夫妻にも出会い、
「山地さん夫妻の姿《すがた》に感動《かんどう》しました」
と、陽子さん。

「ここの牛を使《つか》って、料理《りょうり》してみよう！　きっとおいしい！」

感動《かんどう》は確信《かくしん》になっていました。

陽子《ようこ》さんはもともとジビエ料理に関心《かんしん》がありました。

ジビエ料理というのは、イノシシやシカ、キジなど、野生の動物《どうぶつ》を使った料理のことです。

人間は、田や畑《はたけ》を荒《あ》らすそれらの動物を、「駆除《くじょ》」という名目で狩《か》りをする。

それはやむを得《え》ないとして、狩りをしてそのままというのは、殺《ころ》された動物たちにもうしわけない、と陽子さんは思っています。

殺すだけ殺して、食べないのは、おかしい。きちんと料理して食べてこそ、自然《しぜん》に対《たい》する礼儀《れいぎ》である、と。

陽子《ようこ》さんは、

「宝牧舎《ほうぼくしゃ》の牛たちには、自然界《しぜんかい》の動物《どうぶつ》と共通点《きょうつうてん》があります」

と言います。

どちらも自然のものを食べ、自然の中で育《そだ》っていることです。

その共通点こそが、陽子さんが宝牧舎の牛たちに関心《かんしん》を持《も》つきっかけとなったのです。

陽子さんは、レストランにもどると、宝牧舎の肉を使《つか》って、ローストビーフとハンバーガーを作ってみました。

その肉は硬《かた》めで赤く、歯《は》ごたえがあり、力強いものでした。

宝牧舎の牛肉を使ったローストビーフ

その後も、陽子《ようこ》さんは宝牧舎《ほうぼくしゃ》の牛を使《つか》って、料理《りょうり》をしました。牛を半頭分もらったときは、ハンバーグ、ミートボール、コロッケと、思いつくかぎりの料理を作りました。

陽子さんは、数年後、レストランをやめ、フリーランスの料理《りょうり》人《にん》になりました。

東京都青梅市《とうきょうとおうめし》にオーガニックの野菜《やさい》を作っている農園《のうえん》があり、そこで働《はたら》くことにしたのです。料理人と農家《のうか》、ダブルワークです。

オーガニックとは、野菜を、農薬《のうやく》や化学肥料《かがくひりょう》を使わずに作ることです。

農園では、ジャガイモやタマネギなどの野菜のほかに、ケール、

野菜をくわえる青柳陽子さん

ビーツといった野菜《やさい》、それに六種類《しゅるい》ものニンジンを栽培《さいばい》しています。

いま、陽子《ようこ》さんは、農園《のうえん》を手伝《てつだ》うかたわら、そこで作った野菜を使《つか》うレストラン「Ome《オウメ》 Farm《ファーム》 Kitchen」で働《はたら》いています。

洋風《ようふう》、和風《わふう》にこだわらず、いろいろな料理《りょうり》を提供《ていきょう》している青梅ファームキッチンですが、ここの料理の最大《さいだい》の魅力《みりょく》は、

「作っている人たちの姿《すがた》が見えること」

と陽子さんは言います。

それを聞いて、わたしは、こう思いました。

宝牧舎《ほうぼくしゃ》で育《そだ》った牛を使うことと、野菜を有機《ゆうき》栽培することには、根《ね》っこに共通点《きょうつうてん》がある、と。

どちらも、自然《しぜん》を大事《だいじ》にすること。それから、野菜《やさい》、牛ともに、それが生まれつき持《も》っている力を、最大限《さいだいげん》に生かすことです。

「牛を飼《か》っている人、野菜を作っている人。いろんな人の手がかかっていて、それだからおいしい。これからも、おいしさの見える料理《りょうり》を目指《めざ》したい」

きっぱりと言う陽子《ようこ》さんに、わたしも深《ふか》くうなずいていました。

8 ふたりの夢《ゆめ》と動物福祉《どうぶつふくし》

竜馬《たつま》さんと加奈《かな》さん。行き場をなくした牛たちを、自然《しぜん》の中で飼《し》育《いく》するという夢をかなえたふたりですが、まだまだ大きな夢があるようです。

まず、加奈さんに聞いてみましょう。

「わたしの夢は、乳牛《にゅうぎゅう》から生まれたオスの子牛たちが、すぐに処《しょ》分《ぶん》されることのない世《よ》の中《なか》になること」

と、加奈《かな》さんらしい、きっぱりした答えが返《かえ》ってきました。

「そして、牧草《ぼくそう》が豊《ゆた》かにはえ茂《しげ》った牧場《ぼくじょう》で、一年でも長く、のびのびと生きてほしい」

これもきっぱり。

「いやいや、牛だけじゃない。豚《ぶた》だって、ニワトリだって、狭《せま》いケージから解放《かいほう》されて、幸《しあわ》せになってほしい」

加奈さんのとなりで、竜馬《たつま》さんが大きくうなずきました。

草っぱらで豚の親子が仲《なか》よく寝《ね》そべり、ニワトリがかけ回る。想《そう》像《ぞう》するだけで、楽しくなります。

竜馬《たつま》さんと加奈《かな》さんの夢見《ゆめ》ている光景《こうけい》は、まさに「動物福祉《どうぶつふくし》」の考え方そのものではないでしょうか。

このごろ、「動物福祉」あるいは英語《えいご》で「アニマルウェルフェア」という言葉《ことば》を、新聞やテレビなどで見聞きするようになりましたが、みんなは知っていますか?

ここでは意味《いみ》を少し掘《ほ》り下げ、考えてみましょう。

動物福祉とは、人間が動物に与《あた》える痛《いた》みやストレスをできるだけ小さくし、動物が生きる環境《かんきょう》を少しでもよくしようという考え方です。

最終的《さいしゅうてき》にはその動物《どうぶつ》を殺《ころ》したり、食べたりしなければならないとしても、生きている間は快適《かいてき》に過《す》ごさせる。そのための国際的《こくさいてき》な動物福祉《ふくし》の基本《きほん》として、「五つの自由《じゆう》」が提唱《ていしょう》されています。

① 飢《う》えからの自由

② ストレスからの自由

③ 痛《いた》みからの自由

④ 恐怖《きょうふ》からの自由

⑤ 正常《せいじょう》な行動《こうどう》をする自由

この五つです。

①は十分に食《た》べ物《もの》があるか、②は快適な環境下《かんきょうか》にあるか、③は

痛《いた》みや病気《びょうき》はないか、④は動物が恐怖《きょうふ》にさらされていないか、⑤はその動物《どうぶつ》が正常《せいじょう》な行動《こうどう》をする環境《かんきょう》があるか、というものです。

これは家畜《かちく》動物だけにあてはまるものではなく、動物園《どうぶつえん》などの展《てん》示《じ》動物、研究《けんきゅう》施設《しせつ》などで飼育《しいく》されている実験《じっけん》動物、家庭《かてい》で飼《か》われているペットも対象《たいしょう》とされています。

なんだか話がむずかしくなってきたぞと思った人は、自分の家で飼っている猫《ねこ》とか犬をあてはめてみてください。

食《た》べ物《もの》は足りていますか？　犬なら、毎日、お散歩《さんぽ》させていますか？　病気はありませんか？

自由《じゆう》に歩ける空間がありますか？　やさしく接《せっ》していますか？

うーん。よく考えれば、まだまだと思う点もあるかもしれません。それは竜馬《たつま》さんと加奈《かな》さんも同じです。

「牛の幸《しあわ》せってなんだろう？　たとえつながれていても、牛舎《ぎゅうしゃ》の中で、おなかいっぱいエサを食べられるほうが幸せなのかな……」

答えはまだまだ簡単《かんたん》には出ませんが、ふたりはこれからも牛の幸せについて考え続《つづ》けることでしょう。

おわりに

スーパーに行くと、いろんな肉が売られています。みんなはどんな料理《りょうり》が好《す》きかな？

ハンバーグ？　カレーライス？　トンカツ？　スパゲティ？　からあげ？

魚が好きな子もいるでしょう。おさしみ、煮魚《にざかな》、塩焼《しおや》き。

わたしたち人間は、生《い》き物《もの》の命《いのち》をいただいています。命をいただく以外《いがい》に、自分の命をつなぐ方法《ほうほう》を知りません。

おいしそうなハンバーガー

「生《い》き物《もの》はみんな、そうじゃない？」

そう思う人もいるでしょう。

そうですね。食物連鎖《しょくもつれんさ》という言葉《ことば》があります。これは生物界《せいぶつかい》の法則《ほうそく》で、生きるために、強いものが弱いものを捕《と》らえて食べ、そのものはまた、さらに強いものに食べられるという、鎖《くさり》のようにつながる関係性《かんけいせい》のことです。

この法則のてっぺんに立つ人間は、感謝《かんしゃ》の心を知っています。食べ物《もの》をむだにしないよう心がけるだけでなく、利益《りえき》のために大《たい》量《りょう》に作って大量に廃棄《はいき》するようなことはさけるべきではないでしょうか。

そして、命《いのち》を大切にいただく。それだけで、動物福祉《どうぶつふくし》の第《だい》一歩に
なるのです。
さあ、今日から実践《じっせん》です。
その命に感謝《かんしゃ》して、いただきます！

あとがき

『ジャージー牛のサンちゃん』を書き終《お》えて、いま、とても満《み》ち足《た》りた気持《きも》ちです。

わたしが子どもの頃《ころ》は、どの農家《のうか》でも、副業《ふくぎょう》に牛を一頭、二頭、飼《か》っていたように思います。

わたしの牛好《うしず》きは、そんな子どもの頃に起因《きいん》します。

牛の大きなひとみ、ビロードのような耳、アブやハエを追《お》って、いつも左右にふられているしっぽ。どこを切りとっても、牛はかわいい。

かわいいと思う気持ちの中には、子ども心にも、牛を「いじらしい」

と感《かん》じていたからでしょう。

ですから、新聞で山地《やまち》さんご夫妻《ふさい》の取《と》り組《く》みを知ったとき、「あ、みんなに知らせたい！」と、瞬時《しゅんじ》に思いました。

今回も、原稿《げんこう》を書くにあたり、いろいろな方に協力《きょうりょく》してもらいました。

まず、なんといっても山地竜馬《たつま》さん、加奈《かな》さんにお世話《せわ》になりました。お忙《いそが》しいおふたりを追《お》い回《まわ》し、つかまえ、原稿にさせていただきました。それから、車で現場《げんば》に連《つ》れていってもらい、写真《しゃしん》を撮《と》っていただいた安東昌哉《あんどうまさや》さん。

料理《りょうり》のことを書かせてもらい、写真を提供《ていきょう》していただいた青柳陽子《あおやぎようこ》さんにも感謝《かんしゃ》です。

山地《やまち》さんご夫妻とわたしをつないで下さった大分合同新聞社別府総《おおいたごうどうしんぶんしゃべっぷそう》局《きょく》のみなさん、写真を提供していただいた同新聞社写真部《しゃしんぶ》のみなさん、ありがとうございました。

城戸安博《きどやすひろ》さん、延子《のぶこ》さんご夫妻《ふさい》には酪農家《らくのうか》の苦労《くろう》と現状《げんじょう》を語ってもらいました。おふたりにも感謝です。

新日本出版社編集部《しゅつぱんしゃへんしゅうぶ》の丹治《たんじ》京子さん、最後まで本当にお世話になりました。

二〇二四年秋

佐和《さわ》みずえ

写真提供

p1・31・37・53　安東昌哉
p7・75・77・87　青柳陽子
p13　山地竜馬
p59・67　著者

ジャージー牛《うし》のサンちゃん

2024年10月30日　　初　版　　NDC916 93P 21cm

著　者　佐和みずえ
発行者　角田真己
発行所　株式会社 新日本出版社
〒151-0051　東京都渋谷区千駄ヶ谷4-25-6
電話　営業 03（3423）8402／編集 03（3423）9323
info@shinnihon-net.co.jp
www.shinnihon-net.co.jp
振替　00130-0-13681
印　刷　光陽メディア　　製　本　小泉製本

落丁・乱丁がありましたらおとりかえいたします。

ISBN978-4-406-06817-8　C8095　Printed in Japan